신라 천년의 숨결
경주

박방룡

1953년 경주에서 태어나 동국대학교 고고미술사학과를 졸업하고 동아대학교 대학원 사학과에서 역사고고학으로 박사학위를 받았습니다. 동국대학교, 경주대학교 등에서 고고미술사 및 문화재학을 강의했습니다. 국립경주박물관 학예연구실장, 국립공주박물관장, 국립중앙박물관 유물관리부장과 고고역사부장, 국립부여박물관장을 맡았고 현재 부산시립박물관장으로 있습니다. 논문으로 「신라 왕도의 교통로」 「신라도성의 교통로에 대한 연구」 「육세기 신라왕경의 제양상」 「신라왕경과 유통」 「신라왕경의 사찰 조영」 「남산신성 연구」 「신라 정궁 월성의 구조」 등이 있으며, 지은 책으로 『징검다리 건너 석성에 오르다』(공저) 『경주 남산신성』(공저) 『신라 도성』 등이 있습니다.

송선범

1980년에 태어나 대학에서 디자인을 공부했고 꼭두일러스트교육원을 수료했습니다. 그동안 『나야 나, 공기!』 『신윤복과 미인도』 『독수리 오남매, 법률가를 만나다!』 『천하장사 옹기장수』 『만화로 보는 지식 교과서 고사성어』 들에 그림을 그렸습니다. 세상 모든 사람들이 자신을 사랑하고 행복해지기를 바라며 열심히 그림을 그립니다.

신라 천년의 숨결 경주

처음 찍은 날 2016년 9월 19일 | **처음 펴낸 날** 2016년 9월 26일 | **펴낸이** 김덕균 | **펴낸곳** 오픈키드(주) 열린어린이
만든이 김원숙, 박고은, 남민희 | **꾸민이** 박재원 | **관리** 권문혁, 김미연 | **출판신고** 제 2014-000075호
주소 서울시 마포구 동교로 221 2층 | **전화** 02) 326-1284 | **전송** 02) 325-9941 | **전자우편** contents@openkid.co.kr

ⓒ 박방룡, 송선범 2016

ISBN 979-11-5676-072-6 74600 979-11-5676-058-0 (세트)
값 12,000원

* 이 책에 실린 경주 관련 사진들은 Golden City 경주시청, 국립경주박물관, 문화재청에서 허락을 받아 사용하였습니다.
* 이 책은 저작권법에 따라 보호받는 저작물이므로 무단 전재와 복제를 금하며,
  이 책 내용의 전부 또는 일부를 재사용하려면 반드시 열린어린이의 서면 동의를 받아야 합니다.

신라 천년의 숨결

경주

박방룡 글 | 송선범 그림

열린어린이

경주는 천년의 역사를 지닌 신라의 도읍지예요.
유물과 유적이 가득해 지붕 없는 박물관이라고도 하지요.
여기서 살펴볼 '경주 역사 지구'를 비롯해
불국사, 석굴암, 양동마을 같은 훌륭한 문화유산이
유네스코 세계문화유산에 등재되었어요.
월성, 대릉원, 황룡사, 남산, 산성 다섯 지역으로 나누어진
경주 역사 지구를 찬찬히 둘러보아요.

신라는 한 아이의 신비로운 탄생으로 시작되었어요.
말 우는 소리를 따라 나정이라는 우물 옆으로 갔더니
그곳에 있던 커다란 알에서 사내아이가 태어났어요.
박처럼 크고 둥근 알에서 태어나 아이의 성을 박이라 하고
세상을 밝게 비춘다는 뜻으로 혁거세라 이름 지었어요.
나중에 박혁거세는 신라를 세우고 왕이 되었지요.

월성은 토성이에요. 흙으로 쌓은 성벽이지요.
월성 안에는 신라 임금이 살았던 궁궐이 있었어요.
지금 궁궐은 없어졌지만 그 터는 땅속에 잘 남아 있답니다.

밤하늘 반짝이는 별을 관찰해 본 적 있나요?
신라 사람들은 농사짓는 때를 알기 위해 첨성대에 올라 별을 관찰했어요.
월성지구의 첨성대는 선덕여왕 때 만든 아시아 최초 천문대입니다.
네모난 돌 362개로 27단을 쌓아 만들었어요.
돌 362개는 음력으로 계산한 1년의 날수와 같아요.
첨성대 주변에는 별을 관찰하던 관청도 있었답니다.

월성 동쪽에는 태자가 살던 동궁이 있었어요.
동궁에는 달이 머무는 연못이란 뜻의 월지가 있지요.
월지는 어느 곳에서 보아도 그 끝이 보이지 않아요.
연못을 바다처럼 보이게 만든 신라 사람의 지혜이지요.
월지 옆에는 임금이 잔치를 베풀던 궁궐인 전각이 있었어요.
바다를 바라본다는 뜻으로 임해전이라 불렀지요.
동궁과 임해전은 무너졌지만 월지는 여전히 달을 품은
아름다운 연못이랍니다.

대릉원에는 신라의 왕과 왕비, 귀족이 잠들어 있어요.
김씨 최초로 신라의 왕이 된 미추왕 무덤이 대릉이라
이곳에 있는 무덤들을 통틀어 대릉원이라 부르게 되었어요.

커다랗고 둥근 무덤은 왕의 권력과 위엄을 나타내지요.
여러 무덤에서는 금관 같은 귀중한 유물이 발견되기도 했답니다.
유물로 당시 신라 사람들의 생활을 엿볼 수 있지요.

대릉원에 있는 천마총과 황남대총은
돌무지덧널무덤이에요.
관에 널을 덧대고 그 위에
돌무더기와 흙을 쌓은 것이지요.
삼국 통일 이전의 신라에서만 볼 수 있어요.
천마총에서는 하늘로 날아가는
말 그림이 발견되었어요.
그림의 이름인 천마도를 본떠
천마총이라 부른답니다.

신라에는 절이 하늘의 별만큼이나 많았어요.
그중에서도 단연 최고, 최대의 절은 황룡사였지요.
황룡사는 진흥왕이 궁궐을 지으려던 땅에
황룡이 나타났다는 말을 듣고 지은 절이라고 해요.
황룡사 한가운데는 구층목탑이 있었어요.
기와집을 쌓은 모양의 탑은 높이가 거의
아파트 26층 정도였대요.
하지만 지금은 모두 사라지고 터만 남았어요.

황룡사 터 북쪽에는 선덕여왕 때 지은 분황사가 있어요.
분황사는 신라의 자장스님과 원효대사가 즐겨 머물던 곳으로
1300년이 지난 지금까지 남아 있지요.
분황사에서 가장 눈에 띄는 것은 모전석탑이에요.
남아 있는 신라 석탑 가운데 가장 오래된 석탑이지요.
안산암이라는 돌로 네모반듯하게 다듬어
쌓아 올린 모양이 독특하답니다.

경주 남쪽에는 신라 사람들이 귀하게 여기던 남산이 있어요.
사람들은 남산을 부처가 머무는 신령스런 산이라 믿었지요.
평평한 바위에는 불상을 새기고 골짜기에는 절을 지었답니다.
그야말로 남산 전체가 부처의 나라 같아요.

　　남산 서쪽 기슭에는 포석정이 있어요.
　　포석정은 돌에 홈을 파 물길을 만든 구조물이에요.
　물 위에 잔을 놓으면 잔이 빙글빙글 돌며 내려가요.
　자기 앞에 잔이 오면 잔을 들고 노래하거나 시를 읊었어요.
　하지만 포석정에서 즐거운 일만 있었던 것은 아니에요.
　신라 말 경애왕은 포석정에서 남산의 신에게 제사를 올리다
　후백제 견훤의 습격을 받아 죽음을 맞았어요.
　그 후 포석정은 신라 멸망의 상징이 되었답니다.

신라는 경주 동서남북에 성벽을 쌓아 왕궁을 지켰어요.
서쪽의 선도산성, 남쪽의 남산성, 북쪽의 북형산성이 있지요.
그중 동쪽을 지키던 명활산성을 산성지구로 지정했어요.
명활산성은 돌을 쌓아 만든 성벽 길이가 4.5킬로미터나 되었어요.
명활산 중턱에 산성 터가 드문드문 남아 있고
군사들이 쓰던 집터와 기와, 그릇 조각도 발견되었어요.
산성에는 나라를 지키고자 했던 신라 사람들의 마음이 담겨 있습니다.

신라가 멸망한 뒤 천년의 시간이 흘렀어요.
하지만 경주에 가면 여전히 신라의 흔적을 많이 만날 수 있지요.
산에는 석탑이, 들에는 궁궐터가
박물관에는 성덕대왕신종과 같은 많은 유물이 남아 있어요.
경주는 찬란한 역사와 문화를 고스란히 간직한
신라의 천년 도읍지랍니다.

지도와 함께 보는 경주 역사 지구

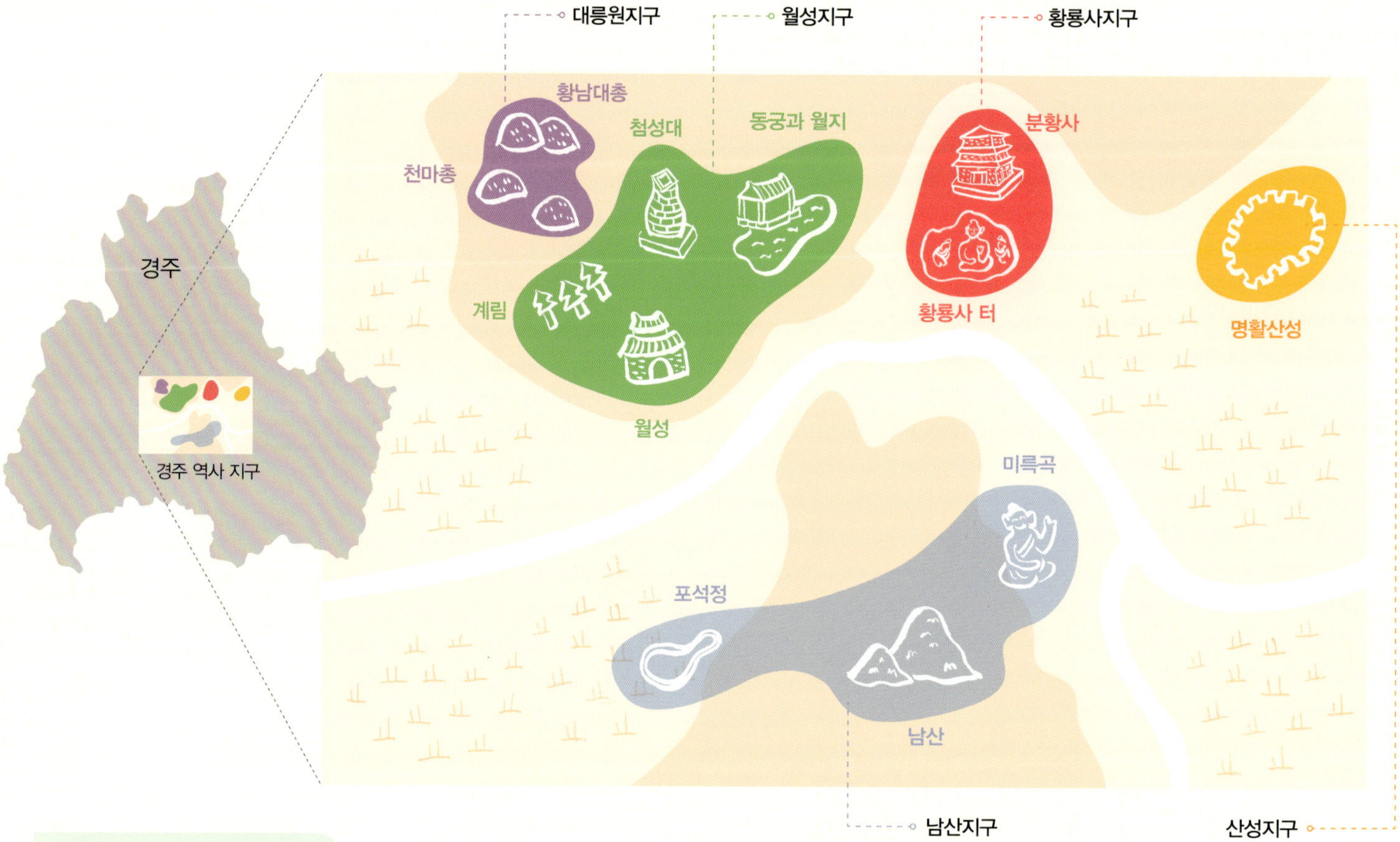

- 대릉원지구: 황남대총, 천마총
- 월성지구: 첨성대, 동궁과 월지, 계림, 월성
- 황룡사지구: 분황사, 황룡사 터
- 산성지구: 명활산성
- 남산지구: 포석정, 미륵곡, 남산

경주 / 경주 역사 지구

경주의 중심지 월성지구

첨성대 첨성대 중앙에 네모난 창을 통해 출입하면서 별들을 관측했을 거라고 추측하지요. 그러나 첨성대가 천문관측대가 아니라 불교나 선덕여왕을 기념하는 건축물이라는 이야기도 있답니다.

계림 월성 옆의 숲이에요. 숲 속에서 닭 울음소리가 들려 따라갔더니 나뭇가지에 금궤가 매달려 있고 흰 닭이 울고 있었대요. 금궤 안에서 나온 아이가 신라 김씨 왕조의 시조인 김알지랍니다. 그 후 숲은 닭의 숲이란 뜻으로 계림이라 불렀어요. 울창한 숲 사이로 시냇물이 흐르는 아름다운 곳이랍니다.

동궁과 월지 원래 월지는 열두 개의 봉우리와 연못 안 세 개의 섬에 나무와 꽃이 가득하고 희귀한 동물이 뛰놀던 곳이었다고 해요. 하지만 그 모습을 잃고 오리와 기러기만 쓸쓸히 날아다녀서 안압지라고 불리기도 했지요. 다행히 『삼국사기』에서 월지에 관한 기록이 발견되어 제 이름을 찾았어요. 지금은 월지와 몇몇 건물을 복원하여 우리나라 대표 정원이 되었답니다.

신라의 대표 절터 황룡사지구

황룡사 터 황룡사에는 신라의 세 가지 보물 중 금과 동으로 만든 부처인 금동장육존상과 구층목탑이 있었지요. 신라의 유명 화가 솔거가 그린 소나무 그림도 있었다고 해요. 지금 남아 있는 절터의 복도 길이만 해도 불국사의 8배에 달하는 큰 절이었답니다. 그런데 고려 고종 25년에 몽고의 침입으로 불타 사라지고 터만 남았어요.

분황사 황룡사와 담장을 같이 하고 있는 분황사는 담장의 길이가 195미터로 황룡사의 2/3에 달한 크기였답니다. 하지만 몽골의 침략과 임진왜란 등을 겪으며 유물들은 많이 없어지고 지금은 자그마한 절이 되었습니다. 지금 볼 수 있는 모전석탑도 원래 9층이었다고 해요. 하지만 지금은 3층까지만 남아 있지요.

위엄의 상징 대릉원지구

대릉원 대릉원에는 무덤 23기가 모여 있습니다. 능이 모여 있는 지역 이름을 따서 황남동 고분군, 황오동 고분군, 노동동 고분군, 노서동 고분군이라 하지요. 고분군은 무덤이 모여 있는 것을 일컫는 말이에요. 도읍지 안에 능을 만든 이유는 왕이 죽어서도 백성을 보살핀다는 의미라고 해요. 대릉원의 천마총은 무덤 안으로 직접 들어가 볼 수도 있답니다.

신령스런 불교의 중심지 남산지구

미륵곡 석조여래좌상 보물 제136호로 남산에 있는 불상 가운데 가장 완벽하게 보존되어 있습니다. 이 외에도 남산은 골짜기마다 절터와 불상, 탑 들이 많이 남아 있어 신라 불교의 중심지라 할 수 있답니다. 또한 군사적으로도 중요한 곳이어서 왕궁을 지키기 위해 쌓은 산성도 많이 남아 있지요.

포석정 연회를 즐기던 장소로 추측했지만 제사를 지냈던 장소였다는 의견도 있습니다. 『화랑세기』 필사본에서 제사의 의미가 담긴 포석사(鮑石祠)라고 표현했고, 남쪽으로 50m 떨어진 곳에서 제사 물건이 발견되었기 때문이지요. 포석정은 신라 사람들의 풍류와 기상을 엿볼 수 있는 장소입니다.

신라를 지키던 곳 산성지구

명활산성 명활산성은 토성과 석성, 2개로 이뤄졌어요. 흙으로 쌓은 토성은 3.6킬로미터이고, 돌로 쌓은 석성은 4.5킬로미터지요. 실성왕 4년(405년)에 적들이 명활산성을 공격했다는 『삼국사기』의 내용으로 보아 그 이전에 만들었음을 알 수 있습니다.

자세히 알아보는 신라 이야기

신라는 어떤 나라였을까요?

신라는 기원전 57년부터 935년까지, 한반도 남쪽에 있던 나라예요. 박혁거세가 세운 신라는 북쪽의 고구려, 서쪽의 백제와 함께 삼국 시대를 이루었지요. 527년에는 불교를 나라의 종교로 정하여 찬란한 불교문화를 꽃피웠답니다. 그래서 불교와 관련된 유물과 유적이 많이 남아 있지요. 676년 신라는 삼국 통일을 완성하였습니다. 통일 뒤의 신라를 통일 신라라고 부릅니다. 통일 신라는 태평성대를 누리며 찬란한 문화를 이뤘습니다. 하지만 935년에 신라의 마지막 왕인 경순왕이 고려를 세운 왕건에게 신라를 내어 줌으로써 신라 천년 역사가 막을 내리게 됩니다.

경주는 어떤 곳일까요?

신라는 경주를 도읍지로 정한 뒤 한 번도 도읍지를 옮기지 않았어요. 그래서 경주에는 유물과 유적이 많이 남아 있답니다. 신라의 도읍지 경주는 계획된 도시여서 길이 바둑판처럼 반듯했지요. 황룡사 주변과 국립경주박물관 근처에서 신라 사람들이 다니던 길을 발견했는데 너비 10미터가 넘는 넓은 도로도 있고 5미터 정도의 좁은 골목길도 있었다고 해요.

신라 시대에는 경주를 서라벌, 금성, 계림 등으로 불렀습니다. 고려에 항복하고 나서는 경주라고 부르게 되었지요. 다행히 6·25전쟁 때 큰 피해를 입지 않아서 많은 유적과 유물을 지금까지 보존할 수 있었어요. 천년에 이르는 신라의 역사를 살필 수 있고, 유물과 유적으로 뛰어난 신라 문화를 길이 보존하기 위해 2000년 12월에 유네스코는 경주를 세계문화유산으로 지정하였어요. '경주 역사 지구'로 이름 붙인 범위는 경주 5분의 1에 달하지요. 경주의 석굴암과 불국사는 경주 역사 지구보다 5년 앞선 1995년에 세계문화유산으로 등재되었고, 경주 양동마을은 안동 하회마을과 함께 2010년에 등재되었답니다.

국립경주박물관으로 답사를 떠나요!

국립경주박물관은 신라 문화를 전시하고 연구하는 곳이에요. 경주박물관에는 신라 시대에 만든 석탑이나 불상 같은 돌로 만든 유물과 무덤에서 나온 금관 같은 유물들을 주로 보관하고 있어요. 대표적인 유물로는 고선사 삼층석탑, 금관총 금관, 천마총 금관, 성덕대왕신종, 토우장식 항아리 등이 있답니다.

전시실은 신라 시대 무덤이나 집터에서 나온 유물을 전시하는 **신라역사관**, 불교 관련 미술품을 전시하는 **신라미술관**, 동궁과 월지에서 나온 궁중 유물을 전시하는 **월지관**으로 나뉘어져 있어요. 뜰에는 성덕대왕신종과 석불 석탑이 전시된 **옥외전시장**도 있지요. 경주박물관의 빛나는 신라 유물들을 만나 볼까요?

성덕대왕신종(국보 29호)
성덕대왕신종은 경덕왕이 돌아가신 아버지 성덕왕을 기리기 위하여 만들기 시작했고 그 아들인 혜공왕 때 완성하여 봉덕사에 달았어요. 봉덕사에 달았기 때문에 봉덕사종이라고도 하지만 종의 몸체에 새겨진 글자에 따라 정식 이름은 성덕대왕신종이지요.

명활산성작성비
1988년에 발견된 비석으로 명활산성을 쌓을 당시에 세운 것입니다. 비석의 첫머리에 산성을 만든 시기, 공사 책임자와 실무자, 공사 담당 거리와 위치, 공사 참가자의 수, 공사 기간, 글쓴이 순서로 기록되었습니다.

경주 계림로 보검(보물 635호)
경주 계림로 14호 돌무지덧널무덤에서 출토되었습니다. 철로 만든 칼과 칼집은 썩어 없어지고, 금과 보석의 장식만이 남았지요. 우리 역사에서 볼 수 없던 장식과 문양이기에 다른 나라에서 들어왔다고 추측하고 있어요. 신라가 다른 나라와도 자유롭게 문물을 교류한 나라였음을 알 수 있어요.

반가사유상 얼굴
경주 황룡사에서 나온 이 불상은 완전한 모습은 아니지만, 부드러운 미소를 띠고 친근한 느낌을 주어 신라의 대표적인 불상 가운데 하나로 손꼽힌답니다.

금관총 금관 및 금제 관식(국보 87호)
우리나라 최초로 발견된 금관입니다. 금관을 발견했기에 무덤의 이름을 금관총이라 불렀지요. 이 금관 말고도 금 귀걸이 금 허리띠 등도 발견되었지요. 섬세하고 아름다운 금관은 신라의 높은 예술 수준을 보여 줍니다.